明朝的七天

古代人的一天

段张取艺 著绘

中信出版集团 | 北京

图书在版编目（CIP）数据

明朝的七天 / 段张取艺著绘 . -- 北京：中信出版
社，2024.12
（古代人的一天）
ISBN 978-7-5217-5162-8

Ⅰ.①明… Ⅱ.①段… Ⅲ.①中国历史－明代－少儿读物 Ⅳ.① K248.09

中国版本图书馆 CIP 数据核字（2022）第 250632 号

明朝的七天
（古代人的一天）

著 绘 者：段张取艺
出版发行：中信出版集团股份有限公司
（北京市朝阳区东三环北路27号嘉铭中心　邮编　100020）
承 印 者：北京盛通印刷股份有限公司

开　本：889mm×1092mm　1/16	印　张：3.75	字　数：120千字
版　次：2024年12月第1版	印　次：2024年12月第1次印刷	

书　号：ISBN 978-7-5217-5162-8
定　价：35.00元

版权所有·侵权必究
如有印刷、装订问题，本公司负责调换。
服务热线：400-600-8099
投稿邮箱：author@citicpub.com

前言

一个朝代，短则几十年，长则数百年。在漫长的历史进程中，有多少帝王叱咤风云，又有多少王侯将相书写传奇？这么多的历史人物和精彩故事，该讲哪个？又该怎么去讲？一个个繁杂纷扰、荡气回肠的故事要如何抽丝剥茧，讲得有趣通透？一个个波谲云诡、人物众多的事件要如何讲得娓娓动听？

显然，以常规方式给孩子讲述历史故事不是我们的风格。我们曾采用虚构"一天"的创意手法来呈现古代人的生活、工作，那能不能用这样的方式来讲述朝代的故事呢？于是，我们想到了一周——七天。

七天，无论是学生党，还是上班族，我们每个人都早已习惯这个时间周期，它在我们的生活中周而复始，循环不断。用七天来讲述一个朝代，充满挑战和想象力。

七天，用七个故事串联起一个朝代，对于小读者来说，这既容易吸引他们阅读，还能让他们保持极高的兴趣去接触和了解历史。通过本书，他们能迅速地了解朝代是如何建立、怎么兴盛，又是如何衰落、怎么灭亡的。更重要的是，用"七天"这个非常容易理解的概念，可以帮助小读者快速整体感知一个朝代，让他们从全局的视角去看待朝代的更替。

明朝，既有郑和这样将我国古代航海业带向高峰的探险家，也有于谦这样危急关头挺身而出抵抗外敌的一代名臣；既有溜须拍马、贪赃枉法的严嵩，也有才华横溢、大刀阔斧的改革家张居正。明朝的故事有它的独特气质：王朝兴盛发展时，气势雄浑，怀柔四海；王朝衰落时，黑暗窒息，残酷血腥。纵观全局，令人为之喜也为之悲。

用七天来讲述一个朝代的发展历程，真的是困难重重，充满挑战。

首先，我们需要在成百上千个历史事件中反复斟酌，以挑选出七个最重要的故事来构建七天。我们在创作时定好了基本的筛选标准，以孩子们历史教材上的重要历史事件作为首选，史书上每个朝代独有的人或事，惠及千秋万代、事关朝代国运命脉的也都选了进来。

其次，选择好事件后，还需要将事件之间的割裂之处进行填补。为此，我们在体例上做文章，设计了专门的栏目力求填补这些历史缝隙。

最终，我们把每个事件自然地衔接起来，把朝代不同阶段的发展连成一个整体，终于形成了完整的叙事节奏。窥一斑而知全豹，希望孩子们在朝代的"七天"中了解历史的面貌，理解王朝兴衰之必然，这就是我们呈现此书的最大意义！

张卓明

目录

第一天	第二天	第三天	第四天
洪武之治	郑和下西洋	保卫京师之战	严嵩乱政
4	12	18	26

中国的历史很长很长，但比起一条长长的线，它其实更像一条长长的珍珠项链。一个个大大小小的事件，就像一颗颗珍珠，缀连在一起，最终穿成了几千年的中华历史。

这本书名为《明朝的七天》，"七天"不是真正意义上的七天，它浓缩了一个朝代的七个重要的历史事件，展现了这个朝代的兴起、兴盛、转折直至灭亡。

一个王朝的历史，在这七天里，就可见一斑。

第五天

清算张居正

32

第六天

阉党专权

38

第七天

王朝末路

44

创新改变生活

50

明朝历史大事件

52

第一天

洪武之治

明太祖朱元璋出身寒微，在元末乱世征战多年，终于建立了明朝。他认为朝臣权力过大是元朝灭亡的原因之一，因此一直担心手下的大臣们不听话，尤其是手握大权的丞相胡惟庸。丞相是百官之首，朱元璋开始思考怎么处理这个问题……

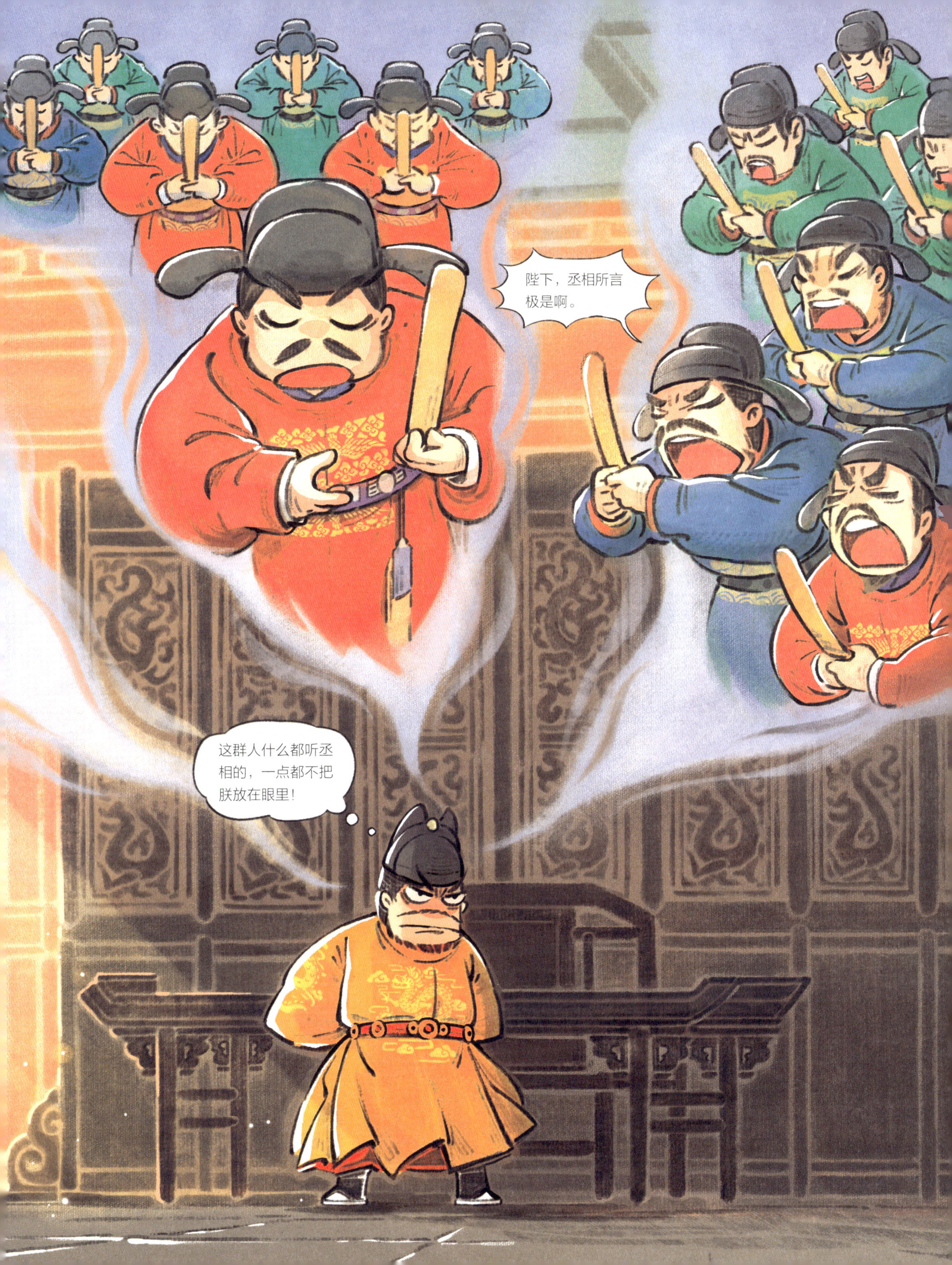
陛下，丞相所言
极是啊。
这群人什么都听丞
相的，一点都不把
朕放在眼里！

巳初（9：00）
丞相很生气

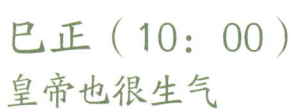

胡惟庸的儿子在闹市驰马，撞上了一辆马车，坠马身亡。胡惟庸见儿子死了，一怒之下命人杀死了车夫。

事情怎么变成这个样子了呢……

胡惟庸

丞相

在中国古代一般是统领百官、辅佐皇帝处理政事的大臣，通常有着一人之下、万人之上的地位和权力。

巳正（10：00）
皇帝也很生气

朱元璋听说胡惟庸擅自杀人，要他偿命。这下子把胡惟庸吓坏了，拉着死党御史大夫陈宁和御史中丞涂节，密谋造反。

陛下不近人情，我们不反就得死！

当时为什么要这么想呢？

申正（16：00）
东窗事发

结果越查问题越多，朱元璋正生气呢，又收到了一份举报文书，原来是涂节害怕了，就举报了胡惟庸密谋造反的事情。

申正二刻（16：30）
屋漏偏逢连夜雨

这还了得，朱元璋要控制不住自己的怒火了。就在这时，他又看到了一份举报文书。

这胡惟庸简直是胆大包天！

酉初（17：00）
这下完蛋了

原来是被贬为中书省吏的原御史中丞商暠也告发胡惟庸的阴谋，朱元璋怒气冲天，下令彻查。

> 好一个见风使舵的涂节，原来他也是一伙的！

中书省

明朝初年的全国最高行政机构，由皇帝直接管辖，负责决策、发布政令等，设有左、右丞相。

死到临头

最后，朱元璋把胡惟庸杀了，他的亲朋好友、同党被株连杀掉的有三万多人。

最后的丞相

1380年，胡惟庸被杀后，朱元璋趁机宣布废除丞相制度。此后，明清历代皇帝都不再置丞相，胡惟庸就成了中国历史上最后一个丞相。

之后的故事

裁撤中书省

朱元璋在废除丞相制度的同时也裁撤了中书省。自此，中书省的事务改由六部分管，而六部直接受命于皇帝。

南北榜案

明朝统一后实行科举取士。在1397年的会试中，录取的考生全部是南方人，引发争议。朱元璋为了稳定当时南北局势，宣布重新阅卷，最终考中的全是北方考生。后来，明朝开始按地域南北取士。

锦衣卫

锦衣卫设置于明太祖时，原为护卫皇宫的亲军。明成祖时，为监视官民，他派亲信统管锦衣卫，让其拥有巡察缉捕、兼管刑狱、收集情报的权力。锦衣卫与后来的东厂、西厂合称厂卫，都是明朝内廷的特务机构。

洪武之治

朱元璋在位期间，国家安定，社会生产逐渐恢复和发展，百姓的生活变得富足起来，历史上称之为"洪武之治"。

权力高度集中的王朝

废除了丞相这个职务，朱元璋终于大权独揽，然而随之出现了一个问题：皇帝的工作变得繁重了许多。好在朱元璋精力旺盛，并不觉得困扰。他将朝廷的权力完全集中在自己的手中，明朝开始朝着中央集权专制的方向飞速发展。

第二天

郑和下西洋

朱元璋死后，他的孙子朱允炆即位，即明惠帝，年号建文。这位建文皇帝认为藩王的势力太大，就推行了一系列削藩的措施。朱元璋的第四个儿子燕王朱棣不乐意了，他起兵造反，号称"靖难"。双方打了四年，最后朱棣打赢了，成为明朝第三任皇帝，即明成祖。朱棣把国家治理得井井有条，经济、文化都蓬勃发展。在位期间，他多次派遣三宝太监郑和下西洋，开启了中国航海史上的一段传奇。

小心风浪！

巳初（9：00）
不速之客

郑和的船队这一天来到了旧港，当地首领的副手施进卿前来拜见郑和。

旧港

原是兴起于印度尼西亚苏门答腊岛的古国三佛齐的政治中心，今称巨港。明初，当地侨居的华人拥立梁道明为首领。此时，梁道明前往明朝朝贡，委托施进卿管理臣民。

"正使大人，我有个消息必须告诉您！"

"哦，说来听听。"

郑和

巳初一刻（9：15）
前方有危险

施进卿向郑和报告了有海盗阴谋抢劫船队的消息。

"竟有此事！"

陈祖义

"我一定归顺大明！"

巳正（10：00）
劝降

郑和派人去联系海盗头目陈祖义，希望他能归降明朝，陈祖义满口答应。

午初（11：00）
海盗诈降

陈祖义暗地里调动手下，装出要投降的样子，企图袭击郑和的船队。

全速前进，打他们个措手不及！

午初二刻（11：30）
将计就计

郑和识破了陈祖义的计谋，先下手为强，趁陈祖义还蒙在鼓里，下令攻打陈祖义的船队。

开炮

申正（16：00）
大获全胜

一场大战下来，郑和的船队歼灭了五千多名海盗，烧毁了十艘海盗的大船，还俘获了七艘。

海盗们败了！

陈祖义等三名海盗头目被抓获。明朝任命施进卿为旧港宣慰使，管理当地事务。

荣归大明

郑和的船队这次访问了很多国家，最后回到了南京。朱棣十分高兴，封赏了有功之人，将陈祖义等人问斩。郑和数次率船队出使西洋，是15世纪初世界航海史上的空前壮举。

之后的故事

中国人的航海时代

郑和先后七次率船队出海，最远到达非洲东海岸、红海。这是欧洲大航海时代之前世界上规模最大的一系列航海行动。

东厂的成立

为了加强统治，朱棣在锦衣卫之外，还成立了新的侦缉机构东厂，由宦官担任首领，权力在锦衣卫之上。东厂的密探俗称东厂番子。

编纂《永乐大典》

1408年，朱棣派人编纂的类书《永乐大典》面世了，其中包含了各类书籍七八千种，一共有两万多卷、三亿多字，是中华民族数千年来智慧的结晶。

儿孙也不错

朱棣不光自己能干，他的儿子明仁宗朱高炽和孙子明宣宗朱瞻基也把皇帝这份工作干得不错。他们在位期间，国家经济持续发展、政治清明，史称"仁宣之治"。

威震四海的大明

郑和七次远航西洋，将大明国威宣扬到了四海八方，也使明朝与许多国家都建立了外交关系。明王朝历经"永乐盛世""仁宣之治"，进入了一个繁荣富强的鼎盛时期。

第三天

保卫京师之战

明英宗朱祁镇十分宠信宦官王振。此时，蒙古的瓦剌强大了起来，与明朝的冲突日益增多。王振好大喜功，在他的怂恿下，朱祁镇决定亲征瓦剌。可是，现实给了皇帝一个狠狠的教训，瓦剌大军在土木堡大败明军，俘虏了朱祁镇，王振也被乱军所杀。皇帝被俘，敌军直逼都城北京，明朝到危急关头了。

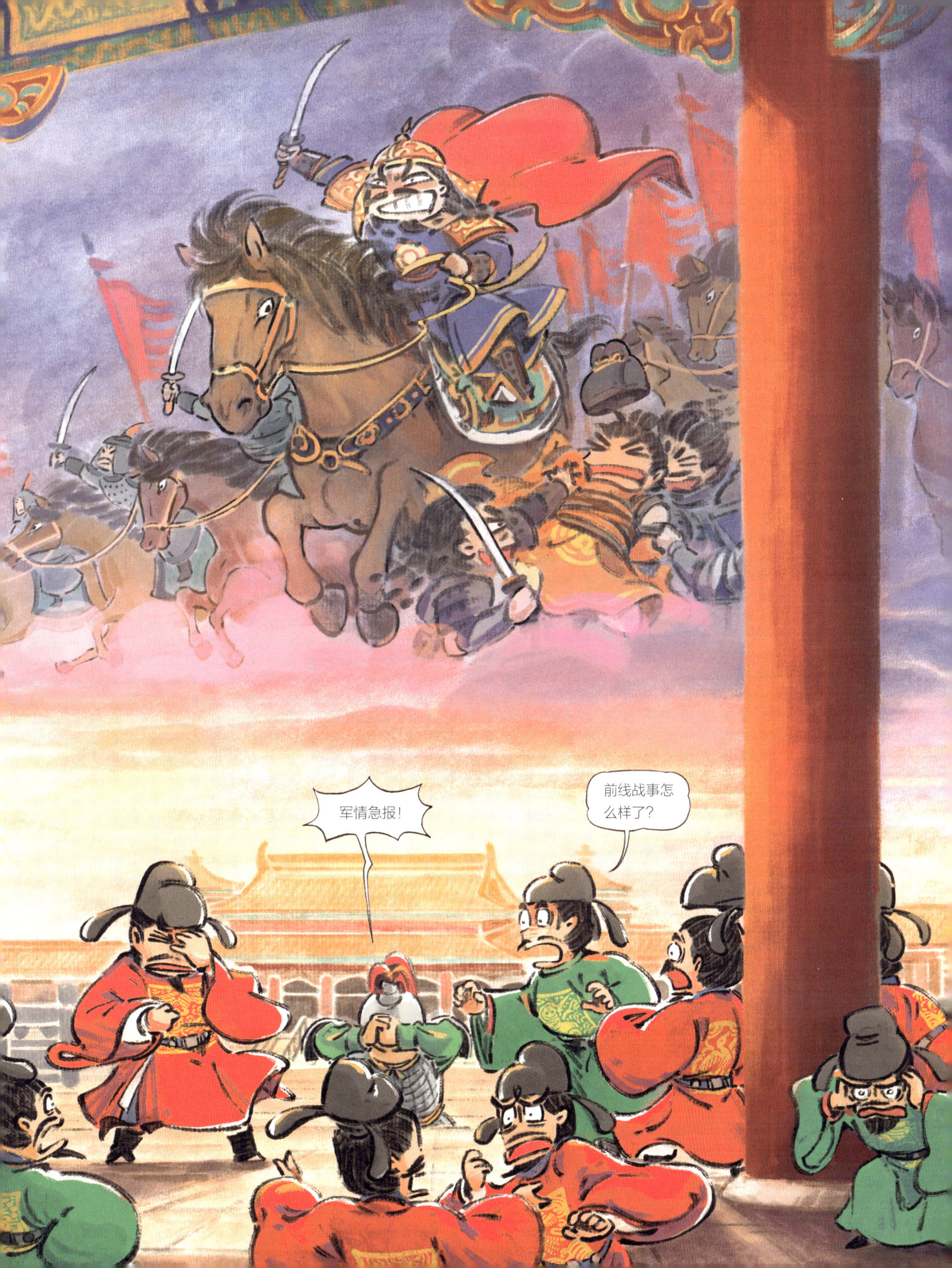
军情急报！
前线战事怎么样了？

卯正（6:00）
兵临城下

瓦剌首领也先率大军攻至北京城，兵部尚书于谦登上德胜门的城墙巡查，抓紧时间向将士们布置防守任务。

于谦

卯正二刻（6:30）
立了新皇帝

攻城之前，也先想利用被俘的朱祁镇要挟明朝，没想到于谦等大臣已经拥立了新皇帝，让也先的计策落了空。

幸亏如此，不然我们就会很被动。

瓦剌

明初，蒙古各部落分裂成三支主要势力，瓦剌是明朝对西部蒙古各部的称呼。1438年，瓦剌首领脱欢统一了蒙古。后来，他的儿子也先将瓦剌发展至极盛。

郕王即位

朱祁镇被俘后，为了稳定人心，其弟郕王朱祁钰被于谦等大臣推举为皇帝，即明代宗。朱祁钰即位后尊朱祁镇为太上皇，改年号为景泰，共在位八年。

辰初（7：00）
不打无准备之仗

于谦临危受命，主持保卫京师之战。一个多月来，他调动周边的军队救援京城，查核储备粮草，赶制武器，同时修缮城门，设置防御阵地。

> 这些准备工作将会发挥巨大的作用！

辰正（8：00）
下雨了

也先决定趁着大雨向德胜门发动进攻，没想到这一切都在于谦的计算当中。

敌人来了！

巳初（9：00）
诱敌深入

明军的一小股骑兵出城迎击敌人，很快就败退下来。也先哪里肯放过这个机会，率大军紧追不舍。

巳正（10：00）
早有埋伏

瓦剌骑兵追到一片民房区域，眼看就要追上明军了，于是呼喊着发起了冲锋。突然，两边的民房里出现了手持火器的神机营士兵。

不好！是神机营！

神机营
明代京城军队三大营之一，是一支装备有火铳、火枪等火器的精锐部队。

巳正一刻（10：15）
狠狠地打

神机营的火器、弓弩一齐发射，漫天的铁丸、火箭向敌军射去，突如其来的打击让瓦剌骑兵陷入了混乱。

啪 啪 啪

未正二刻（14：30）
战绩辉煌

也先的弟弟和一员瓦剌大将被火炮打死，瓦剌军见势不妙，赶紧撤退。

赶紧撤！

申正二刻（16：30）
瓦剌想拣软柿子捏

也先判断守卫德胜门的军队是明军的主力，他马上改变策略，率军转攻西直门。

明北京城

明北京城分为宫城、皇城、内城和外城（明世宗时增筑）。于谦分派大军镇守的九座城门即为内城的西直门、德胜门、安定门、东直门、朝阳门、崇文门、正阳门、宣武门和阜成门。

我们要避开明军主力，去打西直门！

酉正（18：00）
血战西直门

瓦剌军在西直门外围攻明军。城门前的明军拼死抵抗，城墙上的守军也用火炮、火箭发动攻击。于谦急调德胜门的守军前来增援。

京师守住了！

后来，也先见打不下北京城，下令撤军。明军趁机反攻，瓦剌军大败，一路逃回了塞外。明军守住了京师。

之后的故事

夺门之变

也先发现打不过明军，干脆把朱祁镇放了。朱祁镇回来后被朱祁钰软禁在南宫。后来，朱祁钰病重，将军石亨等人攻破南宫大门，重新拥立朱祁镇为帝。

冤杀于谦

于谦守护了大明，但他拥立朱祁钰为帝这件事让朱祁镇耿耿于怀。朱祁镇复辟后，立即把于谦抓了起来，以谋逆罪处死了他。

西厂的建立

朱祁镇的儿子朱见深当了皇帝后，成立了西厂。西厂的职权比东厂和锦衣卫更大，办了不少冤假错案，弄得朝野人心惶惶、怨声载道，很快就被裁撤了。

由盛转衰的拐点

明军虽然取得了保卫京师之战的胜利，但明王朝还是不可避免地来到了一个由盛转衰的历史转折点。不过明孝宗朱祐樘在位期间，明朝重振国势，史称"弘治中兴"，明朝这艘大船得以继续在风雨中向前航行。

第四天

严嵩乱政

明世宗朱厚熜（cōng）登基后改年号为嘉靖。他一开始十分认真地工作，可是后来他开始追求长生不死，信任道士，沉迷方术，朝政上的事情一概不理。于是，擅于讨皇帝欢心的严嵩粉墨登场了。

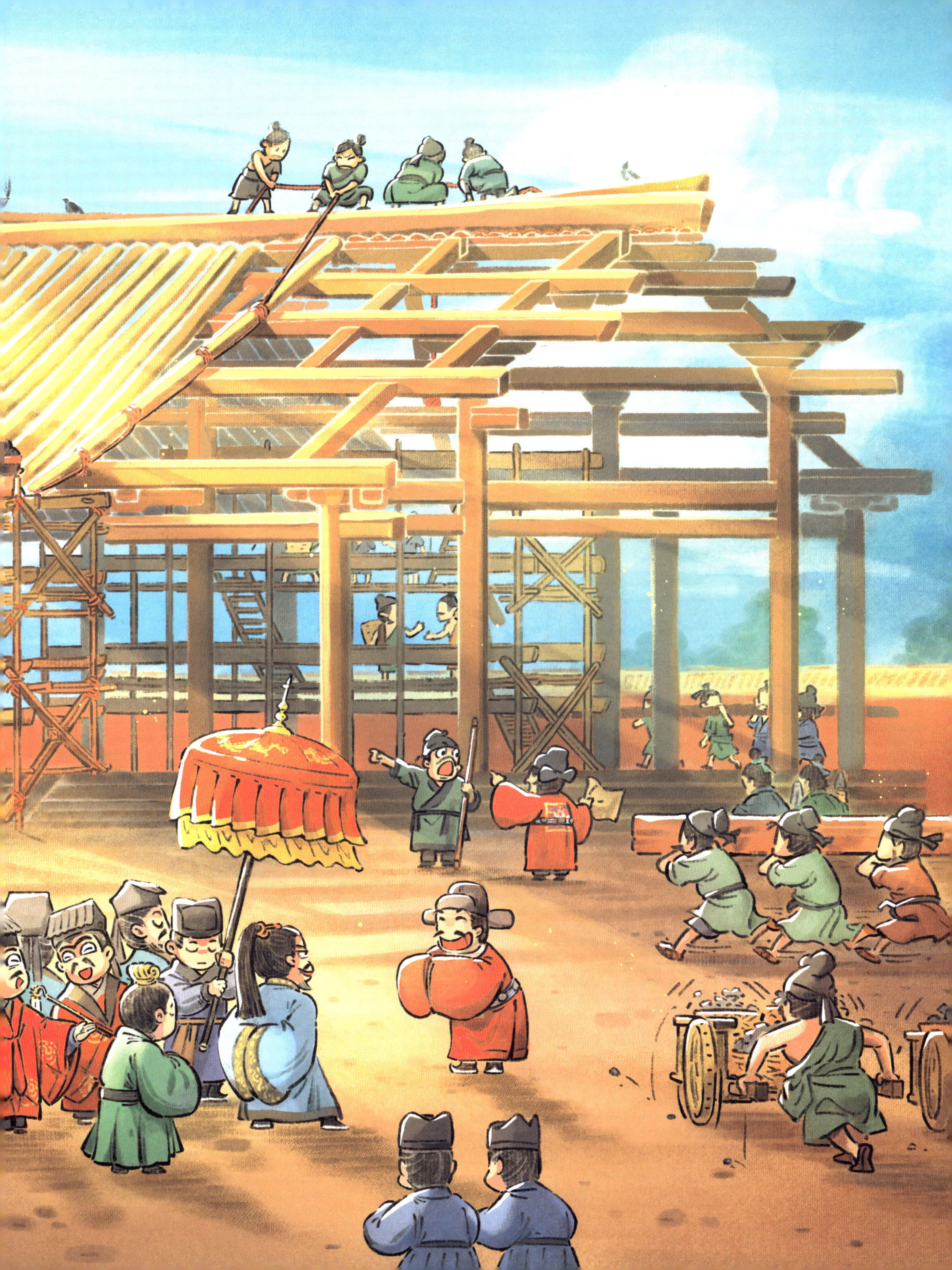

巳初（9：00）
犹豫的皇帝

蒙古的俺答汗经常带兵袭击明朝的边境，名将曾铣建议朝廷主动出击，收复河套地区。朱厚熜也看好这个计划，不过他有些信心不足。

也不知道这仗好不好打，怎么办呢？

朱厚熜

巳初二刻（9：30）
严嵩抓住了机会

内阁首辅夏言十分支持曾铣，便劝皇帝大胆出兵。严嵩却看透了朱厚熜的心思，趁机和夏言唱反调，说不能收复河套地区，会挑起边界冲突，不建议出兵。

陛下，这仗必须打，只有打才能解决掉边境的问题。

陛下，不能轻易出兵，打起来了就不可收拾了。

巳正（10：00）
以退为进

严嵩又说现在是夏言一个人在主持内阁，自己在内阁只是个摆设，所以请皇帝罢免自己。

巳正二刻（10：30）
皇帝的疑心

严嵩这一招以退为进十分厉害，朱厚熜的疑心病一下子就被勾了起来。

夏言极力辩解，但朱厚熜的疑心越来越重。

午正二刻（12：30）
干掉了死对头

结果，夏言被迫退休了。

不过，此时的朱厚熜还没有杀夏言的想法，只是让他回了老家。

> 夏言！你胁迫君主和群臣想干什么！

> 老臣不敢！

> 唉

‖ 斩草要除根 ‖

但严嵩才不会就此罢休，他又让人诬告夏言勾结曾铣。

> 朝臣和将领勾结，这是想谋逆呀！必须严惩！

夏言和曾铣都被处以极刑，内阁中再也无人能与严嵩抗衡。从此，严嵩独揽朝政十几年。

之后的故事

大权独揽

朱厚熜不上朝，把朝政事务都交由严嵩处理。严嵩为哄皇帝开心，大兴土木，营建斋宫、秘殿。他还大肆排除异己，任用亲信，引起纷争，使得朝政腐败不堪。

南倭北虏

明朝中期，东南沿海地区长期受到倭寇侵扰，北方的蒙古也经常袭扰边境。直到明穆宗年间，朝廷解除海禁，封贡俺答汗，才缓解了这两个问题。

严嵩倒台

严嵩和他的儿子严世蕃无恶不作，引起了官员、百姓的一致厌恶，朱厚熜也慢慢不再宠信这对奸臣父子。1565年，严世蕃数罪并罚，被判斩首，严嵩也被削籍，抄没家产，两年后贫病而死。

靠谱的继承人

朱厚熜的儿子明穆宗朱载垕（hòu）即位后，改元隆庆。他重用高拱、张居正等人，整顿吏治，发展经济，实行军事改革，史称"隆庆新政"。这一时期，国家局面稳定，社会发展。

惊险度过的中期

朱厚熜虽然不理朝政，但当时明朝有一大批有才干的文臣武将。多亏了他们，朝政军务才没有彻底乱套。明朝的统治就这样并不安稳地又维持了数年。在短暂的隆庆新政后，明朝又迎来了一位少年天子。

第五天

清算张居正

明穆宗的儿子明神宗朱翊钧登基时年仅十岁，定年号为万历。这个时候，张居正成为内阁首辅，总揽朝政。这位才华横溢的政治家开始了大刀阔斧的改革，政治上要改，军事上要改，经济上更是要改。为了大明，张居正真是全身心投入改革，只不过他的强势做派让很多人不舒服，其中甚至包括朱翊钧本人。

张居正

朱翊钧

支柱倒了

万历十年（1582年），张居正因病去世。皇帝起初十分震惊，下令辍朝一日，来追悼自己的老师。

> 今天不上朝，追悼张先生。

张居正

他是一位能力非凡的政治家、改革家，他的改革重振了明朝的国势。张居正掌权的十年里，朱翊钧什么都听他的，还尊称他为"张先生"。

言官

古代朝廷负责监督和谏言的官员，虽然品级多不高，却很重要。明朝的言官尤其厉害，他们谁都敢弹劾，有时候皇帝也拿他们没办法。

辰初二刻（7：30）
人走茶凉

可是，没过几天，朝堂上的风向就变了。张居正生前推荐了一名大臣进入内阁，可他还没来得及上任就遭到几名言官弹劾，结果被皇帝勒令退休。

> 陛下，张大人举荐的人心术不正！

> 既然如此，就让他回家养老吧。

辰正（8：00）
落井下石

其他言官一看形势变了，纷纷弹劾张居正。一时间，张居正从神坛跌落谷底，由大明的功臣变成了十恶不赦的坏蛋。

> 陛下，张居正结党营私，横行霸道！

> 陛下，张居正构陷辽王，私吞其家产！

> 陛下，张居正祸国殃民，实在是大奸大恶！

巳正（10：00）
皇帝生气了

朱翊钧被压制了很久的怨气突然爆发。他派人抄了张居正的家，将其生前所有的荣誉统统剥夺。

> 来人！去把张居正的家抄了！

午初（11：00）
改革也是错的

张居正被定性为奸臣，他的改革除一条鞭法外，其他的都被废除了。

> 奸臣的政策肯定是坏的，必须改回来！

陛下英明！

‖ 遗憾的结局 ‖

张居正改革十年，为明朝攒下来不少的资本，国库收入显著增加，经济有所恢复。可惜的是，随着朱翊钧对张居正的清算，这些成果没能延续下去。

> 张大人怎么变成恶人了？

> 之前推行的政策都要改吗？

之后的故事

万历三大征

万历年间，明朝打了三场大仗：平息叛乱的宁夏之役、播州之役和支援朝鲜抗击日本入侵的援朝战争，史称"万历三大征"。靠着张居正改革攒下的资本，这三场战争明朝都打赢了。

国本之争

朝臣们请皇帝遵循祖制，立长子朱常洛为太子，但朱翊钧想让宠爱的三子朱常洵当太子。双方一争就是十几年。最后皇帝让步了，朱常洛被立为太子。

东林党

有个叫顾宪成的大臣名望很高，因为国事惹怒了皇帝而被罢官。他回到家乡重建东林书院讲学，一来二去发展成了东林学派，那些支持他的观点的官员也被称为"东林党"。

后金崛起

女真首领努尔哈赤十分强悍，他东征西战，让自己的部落强大了起来。1616年，努尔哈赤建立了后金政权，即后来的清朝。两年后，他起兵正式向明朝宣战。

一次短暂的复兴

张居正死后被抄家清算，他的改革被迫中断，新政施行的措施基本都被推翻。然而亲政后的朱翊钧并没有成为一个合格的皇帝，他三十余年基本不临朝听政，刚有所起色的明朝又陷入了衰落。

第六关

阉党专权

明熹宗朱由校刚即位时对东林党十分器重，还下诏为张居正等人平反，朝堂上出现了一阵清明的气象。但朱由校由于年幼的经历，很宠信太监魏忠贤，让他担任东厂的头目。随着魏忠贤的得宠，攀附在魏忠贤身边的人越来越多，他们形成了一股新势力——阉党。

朱由校

未正（14：00）
做木工

朱由校身为皇帝，却痴迷做木工，而且手艺非常精湛。他做木工时往往废寝忘食，最烦的就是有人打扰。

申初（15：00）
不合时宜的奏本

魏忠贤的亲信司礼监掌印太监王体乾匆匆赶来，带来了一封左副都御史杨涟弹劾魏忠贤的奏本。

司礼监掌印太监

明朝中后期内廷地位最高的太监职位。王体乾是由魏忠贤推荐上位的，因此，他主动屈居魏忠贤之下，甘当魏忠贤的爪牙。

申初一刻（15：15）
皇帝忙着呢

皇帝全身心投入做木工，没有心思去看奏本，就让王体乾念给他听。

> 行了，你念给朕听吧。

王体乾故意把奏本里重要的内容略过，只读了一些无关痛痒的事情。

申正（16：00）
恶人先告状

正当朱由校听得不耐烦的时候，魏忠贤跑进来，跪在他面前哭诉杨涟陷害自己。朱由校便安慰了魏忠贤。

> 别担心，朕为你做主。

魏忠贤

申正二刻（16：30）
让杨涟见不到皇帝

魏忠贤建议朱由校休息几天，别去上朝了。这正合朱由校心意，他于是答应了。

> 这样就有时间做木工了。

> 见不到皇上，看你们还能有什么招来害我！

次日｜辰正（8：00）
谁也动不了他

朱由校令人去斥责杨涟，很多大臣上书为杨涟说话，指责魏忠贤的不法行为。可是皇帝仍然偏袒魏忠贤，魏忠贤的气焰越来越嚣张。

> 圣上有旨，这件事到此为止了，诸位大人歇着吧。

▎暗无天日▎

魏忠贤恨透了这些说他坏话的人。他先是假传圣旨罢免了杨涟，后来又用酷刑将杨涟害死在狱中，还对其他东林党人打击报复。阉党祸国，朝政更加腐败。

之后的故事

九千岁

魏忠贤最得宠的时候，连许多朝廷高官都不敢直呼他的名字而称他为"厂臣"，攀附在他身边的阉党势力更是奉承他为"九千岁"，还在全国各地为他修建生祠。

朝政混乱

明末，阉党和东林党等党派的斗争激烈。阉党掌权时，大量东林党人入狱甚至被处死。朝政的混乱直接导致大明国势进一步衰落。

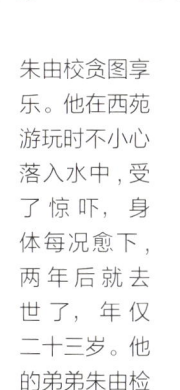

兄终弟及

朱由校贪图享乐。他在西苑游玩时不小心落入水中，受了惊吓，身体每况愈下，两年后就去世了，年仅二十三岁。他的弟弟朱由检继承了皇位，改元崇祯。

宁远大捷

明将袁崇焕在宁远之战中用红夷大炮击伤了后金大汗努尔哈赤。不久，努尔哈赤去世。宁远大捷并没有遏制后金的崛起，努尔哈赤的儿子皇太极继位后，敲响了明王朝的丧钟。

党争不休的朝堂

明朝末年，宦官和士大夫官僚分别结成不同的利益集团，他们的互相攻击于国家和百姓无益，严重影响了朝廷政令的施行。明末的党争从万历年间一直延续到明朝灭亡，严重削弱了明朝的力量。

第七天

王朝末路

朱由检即明思宗，年号崇祯，他继位后一直面临着严重的内忧外患。山海关外，已经称帝的皇太极对中原虎视眈眈。另一方面，李自成等领导的农民起义势头越来越强劲，明朝的大片国土都已被纳入农民军的势力范围。朝堂上，百官天天忙着吵架，什么事情都解决不了。朱由检拼命地工作，却只能眼睁睁地看着他的帝国滑向深渊。

朱由检

寅初三刻（3：45）
困惑的皇帝

正月初一，朱由检也没有休息，他回想自己当皇帝的这些年一直勤勤恳恳，国家局势却越来越糟糕。他想不明白自己错在哪里。

滥杀重惩

朱由检在位期间一共杀掉了7个总督、11个巡抚，其中就包括立下大功的袁崇焕。他还换了17个刑部尚书和50个内阁大学士。

> 如果我不杀那些督抚，局势会不会好一些？

> 怎么就你一个人？

卯正（6：00）
空空荡荡的大殿

今天是新年，本该是皇帝接受百官朝贺的日子。朱由检来到了皇极殿，发现大殿内居然只有锦衣卫指挥使一个人。

卯正二刻（6：30）
再敲敲钟

指挥使说百官有可能没听到上朝的钟声，所以没赶过来。朱由检只好让他去继续敲钟。

辰初（7：00）
到处都是问题

朱由检一想，既然百官还没赶过来，那就先去太庙祭拜祖先吧。结果连皇帝出行的车马都出了问题，朱由检只好待在原地。

陛下，一时找不到合适的马匹。

辰正（8：00）
总算来人了

指挥使把钟敲了一遍又一遍，大臣们才三三两两地来了。后来的人弯着腰，低着头悄悄地溜进大殿。整个场面虽然狼狈，但总算可以开始朝贺了。

吾皇万岁！万万岁！

巳正（10：00）
沙尘暴来袭

朝贺还没结束，天空忽然变得十分昏暗，一场巨大的沙尘暴席卷了整个北京城。

午初（11：00）
此刻的西安

与此同时，西安城里热闹非凡，这一天，李自成在西安建立大顺政权，明朝的命运即将被终结。

之后的故事

煤山自缢

之后的两个多月里，李自成率领的大顺军一路高歌猛进，很快就打到了北京城。朱由检绝望了，他穿着道袍，披散着头发，吊死在皇宫后面煤山（今景山）的一棵树上，明朝灭亡了。

李自成抄家

李自成打下北京城后，发现明朝的国库里面只有区区十万两银子，于是他逼迫原来的明朝官员交出家产，拿钱换命。短短几天，竟然搜罗出了数千万两银子。

清军入关

李自成招降明朝的山海关总兵吴三桂失败后，亲自带兵去征讨吴三桂。吴三桂向清军统帅多尔衮投降，清军进入山海关，击败了李自成。

抗清斗争

明朝灭亡后，残余的皇室成员在全国各地进行过许多次抗清的尝试，但都被清廷镇压。1683年，宁靖王朱术桂自杀，最后一股明朝皇室抗清势力也覆灭了。

明朝的故事落幕了

朱由检深深地遗憾自己拯救不了大明，痛恨那些令他亡国的大臣。他越努力，越感觉无力。随着他的自杀，历经了两百七十六年的明朝最终灭亡了。不过，灭亡了明朝的李自成也没能守住天下，接替明朝的是来自关外的清朝。

创新改变生活

到了明朝的时候，古代中国的科技迎来了比较大的发展。人们一边从前人的成果里吸取经验，一边从日常生活里总结方法，改进和发明了一大批新的工具与技术。冶炼、农耕、制盐、纺织这些跟人们息息相关的行业产生了巨大的变化。劳动人民就这样用自己勤劳的双手和聪明的大脑，一点一点让生活变得更加美好。

楮皮纸：这种在明朝盛行的纸张，既有韧性又易于保存，被广泛应用于书写绘画。

苏钢法：明朝中后期，人们使用"苏钢法"进行冶炼。人们用苏钢法生产出了更多更趁手的钢制工具。

爱用植物油：明朝以前的人们常用动物油脂，而明朝人开始更多地使用芝麻、大豆等植物制成的油，植物油成本低廉，主要用于烹饪、点灯。

解禁白银：明朝中期，朝廷正式解除了限制白银流通的禁令，不过对于普通人来说，还是铜钱更常用。

新食物：明朝时从美洲传入了玉米、红薯、辣椒等作物，这些作物改变了明朝人的食谱，让人们的饮食有了更多选择。

花雕酒：又叫女儿酒，相传古代富商从女儿出生时开始酿造，出嫁时以此酒作为陪嫁，酒坛上常雕刻绘制有彩色图画，因此得名花雕。

云锦：因其色泽绚丽灿烂，美如天上云霞而得名，代表了古代织锦工艺的巅峰。

青花瓷：江西景德镇出产的青花瓷器远销海内外，这种瓷器花纹繁复，做工细腻，是难得的佳品。

明朝历史大事件

明朝建立 ❶
1368 年
正月，朱元璋在应天称帝。八月，明军占领大都，元朝灭亡。

靖难之役 ❷
1399 年
因不满建文帝削藩，燕王朱棣发动夺位战争。

郑和下西洋 ❸
1405 年
郑和率领船队首次出使西洋。

土木之变 ❹
1449 年
明英宗在土木堡被瓦剌军俘虏。

台州大捷 ❺
1561 年
戚继光率领"戚家军"在台州一带抗击倭寇，九战九捷，史称"台州大捷"。

张居正改革 ❻
1573 年
张居正任内阁首辅，开始推行改革。

国本之争 ❼
1586 年
朝臣请立皇长子朱常洛为皇太子，明神宗不准，国本之争由此开始。

魏忠贤擅权 ❽
1621 — 1627 年
明熹宗宠信太监魏忠贤，以魏忠贤为首的阉党势力把持了朝政。

明朝灭亡 ❾
1644 年
李自成率起义军攻破北京城，明思宗自尽，明朝灭亡。